Esercizi mnemonici

Di Alexander Callahan

Sommario

Introduzione

Fare esercizi per allenare la mente e la memoria è davvero utile? Porta le persone ad essere più intelligenti e sveglie? Fare questo tipo di allenamenti è una perdita di tempo?

Vediamo quali sono le risposte a queste domande…

Allenare il cervello con esercizi mnemonici giornalieri non rende più intelligenti, ma aiuta sicuramente a ridurre e rallentare l'invecchiamento della corteccia cerebrale. Ovviamente i risultati non saranno miracolosi, ma meglio provarci che starsene con le mani in grembo.

Allenandoti non puoi aumentare la tua capacità di memoria, ma puoi migliorare la velocità e la capacità di assimilare informazioni e memorizzarle; non si può quindi allargare il recipiente della memoria ma si può ottimizzare il modo di raccogliere informazioni in modo permanente.

Se senza allenamento potevi memorizzare al massimo 10 nomi, dopo l'allenamento ne memorizzerai comunque al massimo 10; ma ci metterai sicuramente meno tempo e sarai più efficiente.

Il discorso cambia se introduciamo il concetto di memoria di conversione fonetica, questo tipo di tecnica permette di memorizzare più elementi attraverso una serie di tecniche ma non fa miracoli.

Aumentare l'intelligenza è probabilmente impossibile, si può però puntare sul miglioramento delle possibilità di cui si dispone; si deve puntare ad utilizzare al massimo il cervello.

Molte persone pensano che allenare la mente sia estremamente difficile ma in realtà è più semplice di quello che sembra; è meno faticoso che andare in palestra. Si può fare in ogni momento e in ogni luogo senza il bisogno di strumenti specifici, quasi tutti gli oggetti possono essere fonte di allenamento; basta guardarsi intorno. Non ci sono quindi scusanti per non farli e tenere la mente e la memoria in forma.

In passato, fino a non molti anni fa, prima dell'arrivo di internet e di tutta una serie di strumenti super funzionali e tecnologici come gli smartphone, la memoria aveva un ruolo fondamentale nella vita degli individui. Bisognava ricordarsi le date dei compleanni di amici e parenti, i numeri di telefono, le date di appuntamenti; non c'erano strumenti semplici e veloci che facevano il lavoro al posto delle persone. La memoria e la mente venivano quindi allenate giornalmente senza che le persone se ne rendessero quasi conto. Oggi la mente dei giovani sono atrofizzate, non sanno nessun numero di telefono a memoria; se sparissero tutti i numeri che hanno sul telefono non saprebbero più come contattare nessuno.

Studiare anche solo 5 pagine sembra ormai un'impresa; dopo che si sono apprese le informazioni e vengono usate il giorno dopo per una verifica o un esame, spariscono come nel vuoto. Vengono cancellate dal cervello che le rigetta o trattiene solo pochissime nozioni.

Visto che i tempi sono cambiati bisogna anche ricorrere a nuovi strumenti per evitare che i cervelli diventino sempre più "raffermi" e lenti. Gli esercizi e l'allenamento mentale sono l'unica soluzione per ottenere buoni risultati in tempo brevi. Non bisogna mai mollare ma persistere fino all'ottenimento dei risultati desiderati. È possibile ottenere cambiamenti basta solo impegnarsi.

Capitolo I

Definizione

Gli esercizi mnemonici sono giochi e allenamenti attraverso i quali la mente viene tenuta in costante allenamento. Con questi strumenti si rallenta l'invecchiamento cerebrale e si diventa più reattivi.

Spesso le persone si chiedono come mai non ricordano alcune informazioni, ne rimembrano invece altre non molto importanti di molto tempo prima. Tutti ricordando il nome della propria insegnante dell'asilo, o una particolare nozione appresa a scuola; questi elementi e informazioni rimangono così lungo nel tempo perché ai tempi sono state inserite nella memoria a lungo termine, e non in quella a breve.

La memoria è come un magazzino in cui vengono raccolte e conservate tutte le informazioni necessarie per la sopravvivenza della persona. La memoria a lungo termine è un grande contenitore sicuro, potrebbe essere considerata come un hard disk, le informazioni restano fino alla morte del soggetto.

Esistono tutta una serie di esercizi per la memoria e per facilitare lo studio, vediamo alcune attività che sono un toccasana per la salute mentale e non solo:

- Dormi bene e una quantità di ore adeguate:Una buona qualità del sonno è fondamentale per aiutare a consolidare e migliorare la memoria. Chi soffre di insonnia, dorme poche ore a notte e male; avrà anche problemi a memorizzare e a concentrarsi. Il sonno è davvero fondamentale per la salute del cervello e dei neuroni. Dormire bene aiuta oltre che la mente a ridurre anche ansia e stress, permette quindi di ottenere un benessere generale.

- Fare attività fisica: allenarsi è molto positivo sia per il corpo che per la mente. Quando facciamo movimento arriva più ossigeno al cervello e ai neuroni, si diminuisce il rischio di perdere la memoria, il cervello rimane più giovane, si prevengono malattie cardiache e legate ai vasi sanguini. Ci sono quindi moltissimi benefici derivanti dall'allenamento, è fondamentale farlo per sentirsi bene fuori e dentro.

- Crea schemi mentali dettagliati: Creare mappe mentali può essere davvero molto utile per mettere ordine e chiarezza con tutti gli avvenimenti e i pensieri che circolano nella tua mente. Prendi un foglio e scrivi tutto ciò che ti passa per la mente a getto, cerca poi con calma di dare un senso logico e di collegare tutto. Seguire questo processo ti permetterà di essere più preciso e determinato nel raggiungimento degli obiettivi che ti sei posto di raggiungere nel corso della vita.

• Fai pasti sani ed equilibrati: Mente sana in corpo sano, così si suol dire. Mangiare sano e in modo equilibrato è fondamentale per la mente e per il corpo. Accompagnare tutto da attività fisica e mentale è l'ideale. Ci sono alimenti salutari, che più di altri vanno ad aiutare il cervello a restare in forma, a invecchiare più lentamente e a stare bene. Questi alimenti sono principalmente frutta, verdura, semi, cereali, proteine e grassi di tipo sano. Evitare cibo spazzatura è la migliore delle scelte. Il cervello si sente assopito dopo un'abbuffata o dopo che si è mangiato qualcosa carico di grassi, carboidrati e zuccheri; noi vogliamo invece che resti sempre attivo e fresco. Un acido grasso fondamentale per la mente è l'omega 3, si può trovare in diversi alimenti come pesce azzurro, salmone, tonno. Può essere assunto anche sotto forma di integratore da accompagnare alla dieta. C'è poi la frutta secca, ricca di proteine; parliamo di noci, arachidi ecc… Ovviamente frutta e verdura fanno sempre bene, contengono antiossidanti, sostanze che rallentano l'invecchiamento cerebrale e permettono all'organismo di stare in forma e di essere sano. Parlando invece di bibite le migliori sono l'acqua e il the verde che è pieno di pofenoli, che sono antiossidanti che aiutano il cervello. Bisogna quindi sempre fare molta attenzione a ciò che si assume perché in fin dei conti noi tutti siamo ciò che ingeriamo.

• Sviluppa relazioni sociali solide: In base a quanto raccolto attraverso numerosi studi e esperimenti, uno dei modi migliori per allenare la memoria e tenere il cervello sempre in movimento, è quello di creare numerose amicizie e relazioni interpersonali e coltivarle attentamente. Parlare e conoscere persone nuove è molto stimolante per la mente e anche per le emozioni. Fa sempre piacere trova un nuovo amico. Cerca di creare da solo le situazioni per conoscere nuova gente, organizza feste, vai a eventi pubblici, vai in luoghi in cui puoi conoscere persone con interessi simili ai tuoi. Per esempio se sei un appassionato di libri vai in una libreria o biblioteca. Cerca di creare sempre nuove situazioni e esci dalla tua comfort zone.

- Cerca di eliminare lo stress in modo drastico dalla tua vita: Una delle cose che rema contro la sanità mentale è sicuramente lo stress. Allontanare lo stress a parole sembra semplice, ma farlo in modo concreto non lo è. Bisogna cercare di allontanare tutto ciò che è fonte di disagio, prendere del tempo per sé stessi, rilassarsi e fare attività che piacciono. Prendersi cura di sé stessi è la chiave. Cerca di provare sempre cose nuove, vai alla ricerca di nuovi stimoli per la mente e l'anima.

- Fare meditazione: La meditazione è un toccasana per la mente, aiuta a rendere più spessa la corteccia cerebrale e rende più semplici i collegamenti tra i vari neuroni. Viene allenata la memoria a lungo e a breve termine. Lo stress e l'ansia si riducono e la persona si sente molto meglio, sia a livello mentale che fisico; è tutto collegato. Le persone che praticano regolarmente meditazione hanno un'attività cerebrale più sviluppata di chi non lo fa. Questo è dimostrato da diversi studi che hanno fatto test e analisi su una larga gamma di soggetti. La meditazione è anche uno dei rimedi più comuni contro lo stress, è infatti praticata ormai da moltissime persone.

Tutte queste attività e consigli aiutano ad allenare il cervello e a rilassare la mente per avere una memoria migliore, provare per credere! Sono cose molto semplici che ognuno può iniziare a fare per raggiungere una qualità di vita nettamente migliore.

Esercizi più popolari

Esistono diverse attività che sono specifiche per andare a stimolare il cervello e in particolare la zona che si occupa della memoria.

Vediamo quali sono gli esercizi più semplici e popolari per stimolare la mente e la memoria ogni giorno:

- Lavati nella doccia tenendo per tutto il tempo gli occhi chiusi: la vista è il senso più usato e collegato alla memoria di cui disponiamo. Anche se non ce ne rendiamo conto vedere richiede uno sforzo enorme per il cervello. Questo senso appunto va a predominare sugli altri, a volte in modo anche negativo…tutti gli altri sensi vengono messi da parte per lasciare spazio solo a quello. Tendiamo quindi a ricordare un'immagine, un volto; ma abbiamo difficoltà a ricordare consistenze, profumi. Bisogna tenere in considerazione che ogni senso è collegato a una zona particolare del cervello, è quindi chiaro che le aree corrispondenti ai sensi meno sviluppati saranno in letargo e quindi quasi per niente attive. Fare la doccia con gli occhi chiusi è utile per riscoprire i sensi accantonati; sarà utile sentire la consistenza dell'acqua, del sapone, del corpo; il profumo dei prodotti che vengono utilizzati, il rumore dell'acqua che scorre e dei contenitori di shampoo, balsamo, bagnoschiuma ecc... il rilassamento sarà assicurato. Uscirai dalla doccia in pace con te stesso e con il resto del mondo; pronto per farti un bel riposino.

• Prova a riconoscere diversi oggetti usando solo il senso del tatto: Un tipo di gioco che viene spesso fatto fare ai bambini ma che dovrebbero continuare a fare anche gli adulti, è quello di tenere gli occhi chiusi e cercare di identificare oggetti usando il tatto; toccandoli quindi con le mani. Quello che è un gesto semplice e banale, va in realtà a stimolare il cervello a fondo, si devono innescare moltissimi meccanismi di comprensione, associazione e sensoriali per individuare che cosa abbiamo tra le mani. Si fa una ricerca mentale tra tutte le conoscenze e i ricordi per capire di cosa si possa trattare. Provate a farlo e vedrete che non è così semplice come sembra indovinare, soprattuto se non si ha la ben che minima idea di che oggetti potrebbero essere. Ci si affida alla forma, alla consistenza, e alle sensazioni che si provano e che si rievocano nella mente; vengono stimolate ampiamente zone del cervello che normalmente sono a riposo o fanno solo il minimo sforzo. È come quando vai in palestra e alleni sempre solo le gambe, nel momento in cui inizi ad allenare le braccia si sente la difficoltà. Oltre ad essere un esercizio molto funzionale è anche molto divertente. I bambini si divertono molto a farlo e scoprono la bellezza del mettersi alla prova sfidando le proprie capacità e il proprio intelletto.

• Scrivi con la mano che di solito non usi: Se di solito usi la mano destra inizia ad usare la sinistra, e se di solito usi la sinistra inizia ad usare la destra. Per far si che il cervello si senta sfidato e quindi si riattivi questo esercizio è da fare ogni tanto. Chiaramente si può fare solo con la scrittura a mano, non vale scrivere con la sinistra sul telefono o sul pc. Questa proceduta riattiverà le movenze sinaptiche che in generale tendono ad addormentarsi. Sono cellule che consentono un'ottima comunicazione tra le varie cellule di tipo nervoso. Anche se non ce ne rendiamo conto perché è qualcosa che impariamo da bambini e poi ci esce naturale; scrivere è molto difficoltoso per il cervello, deve movimentare tutta una serie di aree e capacità. (lettura, verbale, coordinazione dell'arto ecc.) Il vero stimolo dell'usare la mano non predominante è dato dal fatto che oltre a smuovere tutte le capacità sopra indicate si avrà una fatica in più. Il cervello sarà sotto costante tensione perché dovrà compiere un movimento per lui non naturale. Si darà quando una bella botta di vita alla mente.

- Annusa e assaggia ciò che ti circonda: le zone del cervello che gestiscono gusto e olfatto contengono molti ricordi che riguardano l'infanzia, sono informazioni catturate fin da quando si è bambini che restano lì per tutta la vita in attesa di essere risvegliate. A volte capita di sentire un odore o un sapore che sa di "famigliare", che riporta subito all'infanzia. A volta il ricordo insorge subito, altre volte invece bisogna faticare un pò per rievocare la situazione collegata alla sensazione. Emozioni e sensi sono elementi strettamente collegati tra loro, questo perché il cervello crea correlazioni concrete tra le due cose. È quindi un'ottima cosa da fare iniziare a sentire davvero ciò che abbiamo attorno. Siamo sempre troppo presi dalle nostre vite per fermarci ad annusare e assaporare davvero. Non c'è niente di più bello si annusare il profumo della terra bagnata o dell'acqua piovana. A volte è davvero necessario chiudere gli occhi respirare a fondo e lasciarsi prendere da tutte le sensazioni che non si percepiscono visivamente. Si vanno a stimolare le sinapsi che lavorano all'interno del cervello e si immagazzinano ricordi collegati a gusto e olfatto. Le papille gustative e il naso sono strumenti di cattura di eventi tanto quanto lo sono gli occhi, olfatto e gusto non devono essere messi da parte e sottovalutati perché hanno un gran potenziale. Un ritorno alle origini e al lato più primitivo dell'uomo può essere rigenerante soprattuto quando ci si sente travolti dal gran casino che è la vita. Bisogna imparare a creare spazi di riposo e analisi, sentire l'universo è assolutamente pazzesco e terapeutico; dovremmo imparare tutti a farlo con una certa frequenza. Meglio passare 1 ora all'aria aperta concentrati sulle proprie sensazioni piuttosto che passare un ora rinchiuso in casa o in ufficio sui social network.

• Osserva gli oggetti al contrario o da una nuova prospettiva: bisogna cercare di stimolare al massimo la memoria visiva. Quest'ultima è molto utile per studiare rapidamente e per portarla al massimo della sua efficenza bisogna cercare di confonderla un pò. Utilizza strumenti che adoperi giornalmente e posizionali al contrario rispetto a quello che fai di solito. Per esempio metti la spazzola a testa in giù o cambia posto alla salvietta del bagno. La tua mente percepirà l'oggetto sempre nello stesso modo ma andrà a rivalutarlo all'interno del nuovo contesto, osserverà particolari che erano sempre stati lì ma a cui non aveva mai dato importanza. Andrà insomma a rivalutare la situazione senza sforzarsi troppo per farlo. Riuscirai a vedere le cose da un punto di vista nuovo e differente, aprirai i tuoi orizzonti e la tua mente. Basta solo un piccolo gesto quasi insignificante per ottenere il risultato desiderato. La vostra mente vi sarà molto grata per questa attenzione.

- Aiutati con il brainstorming: scegli un'attività che fai normalmente che sia semplice e veloce come per esempio allacciarsi le scarpe. Tutti lo fanno più o meno nello stesso modo e una volta che questo movimento viene imparato da bambini viene poi svolto in modo automatico. Prova a prendere un foglio a stilare una lista di circa 20 modi differenti con cui secondo te si potrebbero allacciare le scarpe. Iniziante scriverai i metodi più semplici e scontati che tutti utilizzano, a un certo punto dovrai iniziare ad utilizzare la creatività; inventandoti macchinari appositi o strumenti futuristici per farlo. Può sembrare qualcosa di stupido e inutile, ma è in realtà un'attività davvero curiosa che va a stimolare il cervello nel migliore dei modi che che fa vedere le cose da punti di vista diversi. È di base anche divertente, possono uscire idee curiose e tanto bizzarre quanto geniali. Inizialmente sarà difficile trovare vari metodi ma andando avanti la mente entrerà in una nuova fase e inizierà a esplorare il mondo dell'ignoto e delle azioni che ricadono nell'incredulità. Mettendo da parte la logica, la realtà e la coerenza; si riuscirà ad aprire gli occhi, a uscire dalla propria zona di confort per andare ad esplorare e attingere ai pensieri più strani e bizzarri che si annidano nella mente umana. Quelli che sono i blocchi inibitori generati da vergogna, timidezza, diffidenza; verranno sradicati, lasciando spazio a una marea di cavolate. Queste idee apparentemente stupide saranno però in realtà originali e apprezzate, apprezzate dagli altri e in alcuni casi rivoluzionarie e funzionali. Per far si che questo esercizio funzioni e porti dei bei risultati, bisogna assicurarsi prima di iniziare a farlo di aver capito molto bene in cosa consiste e cosa richiede. Se così non fosse arrivati a un certo punto non si riuscirebbero più a trovare nuovi spunti e soluzioni possibili per eseguire l'azione in questione che si sta analizzando. Non si vuole davvero imparare ad allacciare le scarpe in modo diverso; quello che già usciamo va più che bene. È tutto un gioco per stimolare la mente, la creatività e conoscere più a fondo se stessi. È una di quelle cose da fare almeno una volta nella vita per sfidare sé stessi e vedere se si riescono effettivamente ad ottenere tutti e 20 i risultati o se ci si ferma prima.

- Rendi la mente più rapida con esercizi appositi: sul web e nell'app store sono presenti moltissimi giochi e app creati con lo scopo di rendere il cervello più rapido e reattivo. Anche se non fanno miracoli sicuramente possono dare una spinta in più per ottenere dei miglioramenti a livello cerebrale. Attraverso queste tipologie di esercizi puoi andare ad allenare la memoria per i numeri e le parole, la memoria visiva e la tempistica di reazione a diversi stimoli. Si può sempre migliorare se ci si mette il giusto impegno. Uno dei trucchi migliori per rendere il cervello più rapido è obbligarlo a lavorare, metterlo alle strette convincendolo che non c'è tempo e che quindi ogni secondo è importante per lavorare al massimo. Volere è potere e quando ti convinci di qualcosa la fai, non ci sono alternative. Più ti concentri, più produci, più risultati ottieni e meglio stai. Questo è il motivo per cui quando si è messi alle strette si lavora meglio rispetto a quando si ha tanto tempo a disposizione, è tutta una questione di meccanismo e condizioni mentali. Il cervello è facilmente manipolabile basta saper come farlo.

• Divertiti giocando con i numeri: È forse il metodo più conosciuto ed utilizzato che viene spesso dato per scontato. Ci sono moltissimi modi in cui puoi giocare con i numeri; puoi contare a ritroso, cosa che di solito non fai mai e che quindi va a stimolare con prepotenza il cervello. Conta saltando 3 numeri per volta o fai quello che preferisci; basta portare la testa a lavorare in maniera non convenzionale. Bisogna fargli fare cose a cui non è abituata. Fai calcoli a mente (addizioni, sottrazioni, moltiplicazioni, divisioni), ripeti le tabelline. Cerca sul web esercizi da fare, ne appariranno a migliaia; esistono anche libri che li contengono. Insomma le possibilità ci sono, basta sfruttarla e applicarsi.

- Allena il corpo facendo attività fisica in modo regolare: fare attività fisica con costanza aiuta a portare più ossigeno al cervello, a stendere i nervi e a sentirsi fin da subito molto meglio. Lo stress affievolisce e la mente è più libera e rilassata. I neuroni hanno la possibilità di rigenerarsi grazie agli stimoli ricevuti e la mente in generale funziona meglio di quanto faceva prima di iniziare con gli allenamenti. Quando si corre, si fanno pesi o si fa attività fisica in generale ci si sfoga, e l'organismo poi ripaga stimolando al meglio anche la mente, non solo il corpo.

- Crea solidi palazzi della memoria: i palazzi della memoria sono strutture che possono essere create all'intento della mente delle persone. Risiedono nella memoria a lungo termine per via del sistema dei loci. (Consente di associare delle informazioni e delle nozioni che si vogliono memorizzare a luoghi specifici ben conosciuti). Creare nella testa immagini mentali create non dall'immaginazione, ma prese da fatti reali è molto difficile e allo stesso tempo stimolante. Non tutti sono in grado di farlo, e quelli che ci riescono devono coltivare e sviluppare questa capacità nel tempo; non è un lavoro immediato e semplice come può sembrare a parole. La mente umana è molto complessa e contiene di conseguenza meccanismi altrettanto difficili da gestire. Creare palazzi mentali è fondamentale per essere in grado in caso di evenienza di catturare nella memoria a lungo termine molte informazioni in modo ordinato e sensato. Tutti gli umani dovrebbero allenarsi a farlo fin da piccoli quando la mente è fresca e pronta a mettersi in gioco.

• Cerca di fare un viaggio interiore e porta a galla ricordi del passato vissuto: è un esercizio quasi complesso che richiede del tempo. Permette di stimolare contemporaneamente moltissime aree del cervello tra cui la memoria, la concentrazione, la creatività, la produttività. È importante ricordare che memorizzare un'informazione e ricordala sono due cose molto diverse. Si memorizza quando un'informazione o un evento vengono inseriti all'interno della memoria per la prima volta al fine di restarci; ricordare invece consiste nel rievocare l'informazione messa in magazzino; si tratta di un richiamo. Quando ricordiamo qualcosa pensiamo, ma non è la stessa cosa di quando un pensiero si genera in modo autonomo nella mente. Durante la fase di pensiero si ha una verbalizzazione delle informazioni; quando si ricorda invece si adopera la visualizzazione. Vai a rievocare nella tua mente informazioni e scenari focalizzandoli attentamente. Sostanzialmente si ricorda attraverso uso di immagini mentali, e si ragiona con l'uso della parola esponendo idee e pensieri. Imparare ad usare la focalizzazione mentale è davvero utile, è una marcia in più per la memoria e la gestione delle più disparate situazioni; è difficile sviluppare questa capacità ma ci si può almeno provare; male non fa di certo.

• Gioca cercando di risolvere indovinelli di tipo visivo: quando vedi qualcosa dal vivo riesci a comprenderla meglio, a percepirla appunto come reale e non immaginaria. Anche in ambito strategico o per analizzare piani di azione e strategie è essenziale vedere concretamente ciò di cui si tratta. Per esempio durante la guerra vengono e venivano fatti dei modellini di plastica per vedere le varie zone d'attacco e cose di questo tipo. La vista è il senso nell'uomo di solito più sviluppato e di conseguenza è anche quello che può aiutare a risolvere situazioni di vario tipo. Sul web e anche in forma cartacea si trovano giochi di logica di ogni tipo, non tutti sono fan di cose di questo tipo ma provare non nuoce. Svolgere questi esercizi ogni tanto, quando non si ha niente di meglio da fare può essere un ottimo modo per liberare la mente da tutti i problemi della vita di tutti i giorni e rilassarsi. La competizione fa parte della natura umana, ancora di più quella verso se stessi. Provare a risolvere dei rompicapi può essere un buon modo per mettersi alla prova; non bisogna avere paura di fallire. Inizialmente sarà molto difficile ma col tempo la logica inizierà a funzionare molto meglio e si avranno molte meno difficoltà.

Concludendo tutti gli esercizi sopra indicati, sono tutti molto utili per la mente e la memoria anche se sono molto diversi tra loro. Nonostante la diversità ci sono elementi e regole ricorrenti, che interessano tutti e quanti gli strumenti nello stesso modo. Vediamo quali sono:

- La positività che ne deriva: da tutti gli esercizi sopra elencati si ottiene sempre lo stesso risultato, ovvero un rilascio di positività e di buone vibrazioni verso il soggetto che li compie. La mente si rigenera attraverso giochi, vecchi bei ricordi, rilassamento; rilascia allegria e rende le persone più rilassate e felici.

- Si punta alla stimolazione di tatto, olfatto e udito; quindi di tutti i sensi tranne che della vista che è già fin troppo allenata. Usare più spesso sensi messi da parte aiuta il cervello a risvegliarsi in ogni sua piccola zona e area.

- Puntano anche allo sviluppo e alla stimolazione visiva ma in modo alternativo. Si punta sulla visione diversificata, sotto prospettive differenti, per aprire la mente verso nuove prospettive.

- Incentivano allo sviluppo della focalizzazione mentale delle immagini; questo è un processo difficile che richiede impegno e pratica, ma che porta dei grandissimi risultati a livello di sviluppo della memoria. Con questa tecnica si possono attuare risoluzioni di problemi e rievocazioni di ricordi passati.

Quello che si riscontra da tutto ciò che è stato detto sopra è che la mente per riattivarsi e funzionare al meglio ha bisogno di essere stimolata con azioni non consuete, bisogna allontanare la monotonia e dare il benvenuto alla creatività, all'innovazione, alla sperimentazione e alle nuove possibilità. Questo porterà anche a un miglioramento sul piano emotivo e caratteriale del soggetto che decide di intraprendere un percorso di tipo rigenerativo.

A volte è importante riscoprirsi, iniziare a vedere le cose in modo diverso, mettersi in discussione e trovare una grande forza interiore. Curando la mente si sistemerà anche tutto il resto.

Facendo questi esercizi per la memoria e la creatività e la rigenerazione, si avranno solo tornaconto positivi. Ci si renderà conto che il cervello è un organo importante, che reagisce davvero agli stimoli che li poniamo di fronte.

A ogni modo quelle indicate sono tutte azioni che possono essere compiute giornalmente senza troppi sforzi e senza riservagli troppo tempo. È consigliabile iniziare a farle per rallentare l'invecchiamento cerebrale e restare sempre lucidi.

Capitolo II

L'esercizio del dizionario

Allenare la memoria grazie al dizionario è semplice e veloce. Di solito quando si parla di memoria si generalizza; in realtà ne esistono molti tipi diversi; quella sensoriale, visiva, auditiva, emotiva ecc…

Nel corso degli anni e della crescita ogni persona sviluppa una preferenza e una predisposizione migliore per un particolare tipo di memoria. Si possono predilige anche più forme di memorizzazione, dipende da persona a persona.

Per sviluppare il cervello e la memoria nel migliore dei modi sarebbe consigliabile allenare indifferentemente tutte le memorie di cui disponiamo. Così facendo la persona sarà più sveglia, reattiva e potrà memorizzare contenuti con grande facilità.

Per sviluppare tutte le memorie possiamo seguire la tecnica del dizionario, che risulta essere molto efficiente e produttiva a detta di chi l'ha provata in prima persona. Vediamo in cosa consiste questo sistema.

Serve:

• Un dizionario per eseguire il processo, va bene uno qualsiasi; anche quello online se non si dispone di una versione cartacea.

• Evidenziatori di diversi colori

• Una biro

La durata dell'esercizio si aggira intorno ai 10 minuti, non di più; quindi è davvero possibile farlo anche tutti i giorni senza problemi.

Chiunque può trovare 10 minuti liberi da investire in modo intelligente; non ci sono scuse. Fare l'esercizio del dizionario ogni giorno sarà un vero toccasana per la vostra mente.

Questi sono i passaggi da seguire:

1. Cosa fare il primo giorno: scegli una parola qualsiasi sul dizionario, se utilizzi quello

cartaceo apri a caso; se invece adoperi quello online scegli una lettera e seleziona la prima parola che ti colpisce. Leggi attentamente la definizione di quella parola, quando sei sicura di averla compresa e appresa a pieno ricopia sul foglio il nome della parola e il suo significato. Se sotto il termine sono indicati più significati selezionane soltanto uno. Leggi di nuovo tutto e a questo punto passa all'uso degli evidenziatori colorati. Scegli i colori che più ti piacciono e preferisci in modo tale che vadano a stimolare ancora di più la tua mente. Evidenzia la parola scelta per attivare l'effetto Von Restorff. Quest'ultimo è conosciuto anche come effetto di isolamento, dice che quando si hanno di fronte diversi contenuti omogenei, quello che viene differenziato è anche quello che rimane più impresso nella mente.

2. Cosa farei il secondo giorno: rileggi per 3 volte tutto quello che hai scritto il giorno

precedente sul foglio di carta, quindi la parola accompagnata dalla relativa definizione. Anche se pensi di aver già memorizzato tutto continua comunque a leggere per il numero di volte indicate.

3. Cosa fare il terzo giorno: rispondi alle seguenti domande. Che parola hai scelto? Qual'è la definizione del termine? Che colore di evidenziatore hai usato per sottolineare la parola? Se riesci a rispondere senza troppo problemi a tutte queste domande significa che il lavoro è giunto al termine. L'informazione è immagazzinata a lungo termine. È giunto il momento di passare allo studio di un nuovo termine da aggiungere al proprio bagaglio. Iniziate quindi ripetendo tutto il processo; scegli la parola, individua la definizione, prendi un figlio e ricopia tutto quello che hai letto, sottolinea la parola con l'evidenziatore che sia di un colore diverso rispetto a quello usato per la parola studiata precedentemente.

Rileggi tutto 3 volte almeno, fino a quando non sarà memorizzato. Il colore dell'evidenziatore viene cambiato per non fare confondere il cervello. Nel caso in cui non si fosse riuscito a memorizzare subito la prima parola, non passate alla seconda; continuate a leggerla fino a quando non vi entrerà in testa, solo a quel punto proseguite con la nuova parola.

4. Cosa fare il quarto giorno e quelli a venire: non guardare più il foglio su cui hai appuntato le parole e le definizioni. Cerca di ripetere tutto fidandoti della tua memoria, ricorda il colore dell'evidenziatore, la parola e la definizione.

L'obiettivo finale di questo esercizio non è memorizzare tante parole in breve tempo; ma imparare a fare caso ai dettagli. Si punta sulla qualità non sulla quantità.

Nel momento in cui si riscontrino difficoltà nella memorizzazione di quanto scritto non demoralizzatevi, tenete duro e persistete fino a che il concetto entrerà a far parte di voi. Ripetere è la chiave di tutto. Più insisti e più otterrai ottimi risultati. Non proseguire con lo studio di nuove parole, sarebbe solo una perdita di tempo e un divagare dal tuo obiettivo. Puoi andare oltre se ricordi almeno il 90% del contenuto del foglio. Ricordati di cambiare colore di evidenziatore per rendere le cose più chiare e precise; puoi scegliere i tuoi colori preferiti.

Concludendo si tratta davvero di un esercizio semplice e rapido, se continuerai a farlo senza divagare inizierai a vedere cambiamenti della memoria concreti nell'arco di poche settimane. Progredendo memorizzerai la parola e la definizione e il colore sempre più rapidamente.

Per allenare la memoria si possono fare esercizi diversi ogni giorno. Ci sono puzzle, cruciverba, sudoku, esercizi appositi e molto altro.

Molte persone danno per scontata la memoria, ma è fondamentale, ed è da allenare con frequenza per preservarla e evitare malattie come l'Alzheimer.

Più gli anni passano e più il cervello va deteriorandosi lentamente, è il normale percorso della natura umana; già intorno ai 40 anni si riscontrano i primi casi di demenza o malattie di questo tipo che vanno ad intaccare memoria e ricordi. Per evitare queste spiacevoli situazioni si può intervenire sin dalla giovane età tenendo il cervello in constatante allenamento. Vediamo alcuni esercizi che possono essere effettuati giornalmente senza il bisogno di particolari strumenti:

- Cerca di associare delle lettere con dei numeri: il modo più semplice per memorizzare a lungo termine delle cifre numeriche consiste nell'associare ad ognuna di esse una lettera dell'alfabeto; in questo modo sarà molto più semplice e rapido. Il cervello diventa molto reattivo con questo tipo di esercizio.

- Cerca di ricordare specifici particolari: focalizza un luogo o uno scenario che conosci accuratamente. Cerca di vedere nella mente dei particolari presenti in quel paesaggio.

- Osserva, cattura come se scattassi una foto, e collega: pensa al tuo cervello e agli occhi come a una macchina fotografica professionale con cui catturi scorci della tua vita. Focalizza attentamente ciò che vuoi assimilare, può essere un'informazione, un luogo, un evento, un viso, un numero; raccogli più particolari che puoi e scatta delle foto nella mente inserendo tutti i dettagli che noti. Se le cose da memorizzare sono molte, crea un filo conduttore che ti permetta di associarle tra loro e quindi di non avere difficoltà a ricordare tutto. Pensa di montare un video o creare un film con tutte le istantanee che hai "scattato".

- Scrivi appunti su un foglio o un quaderno: scrivere su carta quello che si vuole memorizzare sotto forma di appunti è molto utile per creare uno schema mentale, e per memorizzare più facilmente quello che si vuole assimilare. La memoria visiva in questo caso è importantissima, scrivere imprimerà tutto nel tuo cervello.

- Ricorri ad una agenda: serve per ricordare tutto ciò che devi fare durante la giornata. Può essere cartacea o digitale; appuntare i vari impegni aiuterà a non dimenticarli.

- Dividi le informazioni per ricordarle senza problemi: se dividi le cose da ricordare per categorie ampie sarà tutto più facile. Per esempio quando si va al supermercato è difficile ricordare tutte le cose che servono se non vengono scritte accuratamente. Se invece le cose necessarie venissero divise per reparti sarebbe più semplice. Basterà ricordarsi che servono 4 cose tra le verdure, 2 al banco frigo, 3 in salumeria ecc… i ricordi degli alimenti verranno riesumati al momento con questo metodo.

- Posiziona i tuoi oggetti sempre nello stesso luogo e non a caso: a nessuno piace quando non ricorda dove ha messo qualcosa di importante che gli serve subito, come il cellulare, le chiavi di casa o della macchina. Per non dimenticarselo basterà riporre gli oggetti sempre al loro posto prestabilito. Così facendo sarà tutto semplificato.

- Memorizza nomi facendo collegamenti mentali: normalmente quando si conosce qualcuno di nuovo gli si stringe la mano e pochi secondi dopo il vuoto, non ci si ricorda mai qual è il suo nome. Per memorizzarlo è fondamentale ascoltarlo attentamente e ripeterlo spesso durante la conversazione, guarda se ha dei tratti caratteristici e fai un'associazione mentale.

Oltre che andare in palestra ad allenare i muscoli, è fondamentale anche occuparsi della "palestra della mente". Allenare il cervello è fondamentale per stare bene. Andiamo ora a vedere dei giochi per tenere in forma la memoria e le funzioni neurali. Ognuno può scegliere di fare quello che più preferisce, o può alternarne uno al giorno. I risultati non tarderanno ad arrivare; non saranno stravolgenti ma si noterà una maggior facilità nello studio e nella memorizzazione di vari elementi.

Ecco i giochi:

- Dare un nome ai colori: prendete 12 pezzi di carta, su ogni foglio scrivete il nome di un colore che deve essere impresso con un colore diverso da quello effettivo che state scrivendo. Per esempio sul foglio annotate rosso in giallo; e scrivete blu in verde. Fate lo stesso per tutte e 12 i pezzi di carta. Leggete quello che avete scritto con rapidità senza cadere nell'errore di pronunciare ad alta voce il colore del pennarello e non quello che avete scritto. Dovete dissociare il colore dal nome per rendere la mente più forte.

- Usate le mani alla rovescia: se di solito usate la mano destra provate ad usare la sinistra, e viceversa. Scegliete un giorno a settimana in cui svolgere tutte le vostre normali mansioni con la mano opposta. Sarà una grande sfida per il vostro cervello; inizialmente sarà difficile, ma se sarete fortunati riuscirete a diventare ambidestri. Un risultato non da poco. La vostra mente sarà allenata a fondo grazie a questa sfida.

- Osservazione di immagini: cercate in una rivista o su internet la foto di un arredamento interno di una stanza della casa. Guardate attentamente nei minimi dettagli quell'immagine per un arco di tempo di circa 30 secondi. A questo punto nascondetela e provate a scrivere tutti gli oggetti che vi ricordate di aver visto. Fatto questo passate ad una nuova foto e fissatela per circa un minuto. Noterete che le vostre capacità cognitive a quel punto saranno in allerta e riuscirete a memorizzare molti più dettagli e a far caso a più oggetti.

- Racconto di 7 parole e basta: dovete scrivere un brevissimo racconto o una storia con solo 7 parole. Quello che scrivete deve avere senso e essere il più originale possibile. Provate a farlo, è davvero una bella sfida con se stessi. Sprigionerà al massimo il vostro lato più estroverso e creativo.

- Count down: contante alla rovescia seguendo degli schemi specifici. Partendo da 200 contante togliendo ogni volta 5 numeri. Partendo da 150 rimuovete 7 numeri per volta. Partendo da 100 eliminate 3 numeri per volta. Può sembrare semplice ma non lo è affatto; a meno che non siate dei geni della matematica. Fare calcoli a mente è ormai una cosa "superata". Tutti usano sempre la calcolatrice e il cervello non è più reattivo ai numeri.

• Individua il simbolo: in uno schema composto da 7 linee, con 17 simboli ciascuna, dovete individuare quante volte un determinato simbolo si ripete. Per farlo provate ad allontanarvi dal vostro foglio; tenetelo un pò a distanza. Verrà allenata la pazienza, ma soprattutto la vista.

Capitolo III

Esercizi per studenti universitari

Essere uno studente universitario non è affatto semplice, bisogna ricordare moltissime nozioni tutte insieme e farlo a volte può essere un grande problema. Si inizia a rimandare gli esami, la situazione precipita e il cervello si atrofizza sempre di più. Bisogna quindi adottare una tecnica per ridurre i tempi ed essere più produttivi. Si arriverà all'esame pronti e pimpanti per dare il massimo.

Vediamo quali passaggi seguire per sfruttare al meglio la tecnica del dizionario:

• Ripeti una definizione solo quando sei sicuro al 100% di averla memorizzata nel modo corretto: decidi in anticipo quante volte ripeterla e non cambiare il piano. Se si fa un programma e si mettono dei paletti l'apprendimento sarà più produttivo e diretto.

Volere è potere; se ci convinciamo di essere in grado di memorizzare dei concetti in un tot di tempo ce la faremo; se invece pensi di non farcela non ce la farai per davvero. Mettendo un limite alle volte che si può ripetere un concetto mettiamo la memoria alle strette; in quell'arco di tempo lo obblighiamo a memorizzare a tutti i costi.

- Fai un piano di studio in cui indichi quante definizioni sono da apprendere e memorizzare ogni giorno: rispetta il piano tenendo in considerazione il giorno in cui avrai l'esame; lascia un margine di alcuni giorni per effettuare un ripasso generale. Organizzarsi e fare un piano preciso è essenziale per il successo universitario. Non esagerare con le informazioni da memorizzare, scegli un numero adeguato. Meglio fare poco ma farlo bene che fare tanto di corsa e a caso.

Imparare concetti a memoria può essere utile ma ciò che è davvero importante è imparare a mischiare i contenuti coni proprio pensieri in modo tale da creare uno schema perfetto e estremamente soggettivo.

Non è quindi importante per quanto o quanto si studia; ma come lo si studia, lo si apprende e lo si ricorda a lungo termine.

Esercizi per anziani

Il cervello come tutti gli organi risente dello scorrere del tempo. Con l'aumento dell'età va deteriorandosi sempre di più, ed è essenziale allenarlo per rallentare questo processo. Per gli anziani in particolare è importante non andare in stand by, ma continuare a allenarsi mentalmente ogni giorno. Vediamo alcuni esercizi che possono fare anche gli anziani, che sono semplici e veloci, e che rallentano anche se di poco il processo di invecchiamento:

• Giocare a carte, sudoku o scacchi: sono ottimi giochi per mantenere ben attiva la memoria, oltre a questo sono anche molto divertenti da fare con amici e famigliari

- Approcciarsi al magico mondo dei social network: questo è particolarmente consigliato per le persone che hanno più di 65 anni. Destreggiarsi sul web è divertente e stimolante, possono imparare a scrivere email o a navigare sul web. Iscriversi a social network come Instagram o Facebook può essere utile per mantenere contatti e fare nuove esperienze e conoscenze. Gli anziani si sentiranno come rinati e il loro cervello ne gioverà in modo assolutamente positivo.

- Variare regole e percorsi: per raggiungere casa provate a variare percorso, a fare nuove strade, a abbandonare la routine e fare nuove esperienze di vita. Alleneremo il cervello ad adattarsi a nuove abitudini e contesti.

- Coricarsi a letto e ripensare alla giornata appena passata e alle esperienze vissute: questo processo non serve per auto valutarsi ma per sviluppare la memoria. I ricordi passano dalla memoria a breve termine a quella di lungo termine

- Fare il gioco del 3: bisogna ripetere a 3 persone differenti la stessa notizia cercando di fare sempre più attenzione ai dettagli e a quello che si dice.

- Ricordare ogni giorno nuove parole: munirsi di un quaderno e di una biro. Ogni due giorni si cambia lettera dell'alfabeto, per ogni lettera per 10 minuti al giorno bisogna scrivere tutte le parole che vengono in mente. Si inizierà quindi con la A per i primi due giorni e così via con tutto l'alfabeto.

Questi sono piccoli esercizi che possono aiutare a prevenire malattie come l'Alzheimer, che è ormai sempre più diffuso. Prevenire è meglio che curare, quindi perché non provare a svolgere ogni tanto i piccoli cambiamenti sopra indicati?

Per anni non si è dato peso a questo tipo di patologie che interferiscono con la perdita di memoria; sono invece da prevenire e curare, perché degenerative e invalidanti a lungo andare.

Ogni genitore desidera che il proprio figlio abbia molti bei ricordi, fin da piccoli cercano di aiutarli a memorizzare, si chiedono da grandi cosa ricorderanno e cosa no; il loro intento sarà quindi quello di creare ricordi meravigliosi.

La memoria e breve e lungo termine viene sviluppata in giovane età, grazie a esercizi appositi e giochi per bambini. Nelle prime fasi di vita è fondamentale sviluppare capacità cognitive e neurali ottime.

La capacità di rimembrare dei bambini è collegata in modo diretto con le loro emozioni e con le tempistiche. Se una cosa la vedono brevemente o la sentono nominare solo una volta difficilmente la ricorderanno, se invece sentiranno un nome con costanza e focalizzeranno l'immagine inseriranno il ricordo nella loro memoria a lungo termine.

La memoria può essere allenata e sviluppata, anche se di base si sviluppa da sola naturalmente. Ci sono esercizi mnemonici apposta per i bambini ma la cosa più semplice rimane ripetergli spesso li stessi concetti per assicurarsi che li apprendono e siano in grado di ripeterli.

Bisogna rinfrescare i ricordi costantemente in modo tale che rimangano ben impressi; bisogna parlare sempre con i bambini, farli parlare e aiutarli a migliorare con consigli.

Si possono attuare alcuni piccoli trucchetti come:

• Creare un album di ricordi all'interno del quale inserire foto con famigliari, amici,

parenti che vedono con meno frequenza per farglieli ricordare.
• Aiutarli a riportare la memoria a determinati eventi attraverso elementi specifici, o oggetti che vedono spesso.
• Raccontargli storie vissute insieme e aspettare che poi anche loro lo ripetono o raccontino altre esperienze.
• I sensi (vista, olfatto, udito) servono per memorizzare i dati. A casa è importante ripassare quanto fatto a scuola per assimilarlo.

Esistono poi giochi divertenti per i bambini, ma che hanno in realtà un dubbio scopo; aiutarli a memorizzare ad allenare la memoria visiva. Vediamo quali sono:
• Giocare con le carte: giocare a carte attiva i neuroni della mente e rende ricettivi. Per vincere e usare una tecnica astuta bisogna ricordare che carte vengono giocate e capire quali possono avere in mano gli avversari. Bisogna imparare a contare le carte. (Questa

attività viene fatta dagli adulti, non dai bambini). A carte non vince chi è più fortunato, ma chi è più astuto e concentrato sulle sue carte ma soprattutto su quelle degli altri.

• Memory: è un gioco molto conosciuto ed è sempre associato all'allenamento mnemonico. Si mettono su un tavolo delle carte coperte, i giocatori a turno ne girano due; se trovano una coppia uguale tolgono le carte dal tavolo. Continuano così fino a quando vengono trovate tutte le copie. Vince chi ne ha trovate di più, la difficoltà sta nel ricordare dove sono messe le carte.

• Imparare a memoria canzoni e filastrocche: anni fa era solito insegnare nelle scuole moltissime poesie e filastrocche a memoria. In questo modo i bambini erano abituati ad usare a pieno il cervello e ad esporre ad alta voce di fronte a molte persone. Ormai nelle scuole vengono fatte imparare solo brevissime poesie una volta all'anno per occorrenze speciali, vengono sempre usate calcolatrici e la memoria non è più allenata e stimolata come lo era una volta. Purtroppo questa è la situazione odierna e non c'è soluzione. L'unico modo è allenare la memoria. Anche solo apprendere canzoni è importantissimo per stimolare la mente e la creatività del bambino. Sono cose da non sottovalutare assolutamente.

- Identikit: si mostra al bambino una foto di una persona o un'immagina e si chiede poi loro di spiegare cosa hanno visto e gli si fanno domande per stimolare la loro memoria visiva. È un gioco che era molto usato diversi anni fa, ma ancora non viene dimenticato dai genitori.

Capitolo IV

Giochi per la mente

Secondo alcuni filosofi per conoscere davvero una persona bisogna giocarci insieme. Con una partita a carta si può apprendere di più su una persona, rispetto a quanto si farebbe con mesi di conversazione. Non c'è niente di più soddisfacente che sfidare un amico a una sfida di quesiti, di astuzia e memoria. Si avrà la possibilità di osservare e conoscere meglio l'avversario, e allo stesso tempo è ottimo per allenare la mente e le funzioni neurali. Vediamo di seguito tutta una serie di giochi davvero divertenti e che sono anche ottimi per stimolare la memoria. Dovete provarli assolutamente!

Alcuni sono più complessi di altri, giocate con tutti e individuate quello che preferite e che fa al caso vostro; ognuno si trova meglio con metodi apprenditivi diversi. Non siamo tutti uguali; nemmeno quando si tratta di memorizzare.

Molti studiosi hanno verificato che esiste una relazione concreta tra le persone che fanno giochi per allenare la memoria e il loro quoziente intellettivo. Anche se i giochi non fanno miracoli aiutano molto a diventare più "smart" e reattivi.

Per i bambini sono uno stimolo nello sviluppo delle cellule neurali; in età adulta rappresenta un modo per migliorare le capacità cerebrali e l'astuzia. Ecco quali sono i giochi più efficienti e divertenti per la mente:

• Sudoku: è uno dei giochi più consigliati perle menti più anziane, è forse anche il più conosciuto per l'allenamento della memoria nelle persone di una certa età. Anche se è conosciuto da moltissimi anni non passa mai di moda, ci gioca chiunque, sprona la persona ad impegnarsi, il suo completamento diventa quasi come una sfida personale. Questo gioco proviene dall'oriente in particolare dal Giappone, sudoku è infatti una parola in giapponese e significa "sono accettati solo numeri solitari". Il rompi capo consiste nel riempire ogni riquadro con la sequenza di numeri che fa da 1 a 9. Bisogna fare in modo che nella stessa riga i numeri non si ripetano mai o il gioco è perso. All'inizio può risultare difficile e complicato, ma più ci si gioca e più diventa bello, semplice e stimolante.

- Cranium: si tratta di un gioco in scatola da tavolo, ideale da fare con gli amici. Inizierà una vera propria sfida che creerà una sana competizione. Bisogna essere almeno in 4 per giocare; consiste nel dimostrare le proprie abilità in svariati ambiti. Può essere richiesto di rispondere a domande di cultura generale, di mimare qualcosa, di disegnare ecc... Per vincere bisogna rispondere a tutte le domande e svolgere tutte le azioni nel migliore dei modi. Bisogna impegnarsi a fondo e stimolare per bene il cervello.

- Memory: È uno dei giochi per la memoria maggiormente conosciuti; il trucco per vincere contro gli avversari è avere una memoria di ferro; non ci sono altre scorciatoie. È un gioco di carte fatto principalmente per i bambini ma a cui possono giocare persone di qualsiasi età. È stato creato per stimolare la mente fin dall'infanzia. Le carte del mazzo sono tutte doppie, vengono poste nascoste; i giocatori devono trovare le coppie girandole, ricordandosi dove sono posizionate per predominare sull'avversario. Vengono mostrate due carte per volta a testa, una volta che un concorrente ha fatto è il turno di quello successivo. Quando vengono trovati dei doppioni quelle due carte vengono eliminate dal gioco e si continua fino a che tutte le carte vengono accoppiate nel modo corretto. Vince chi compone più coppie.

- Chi sono: Per fare questo gioco bisogna pensare al nome di un personaggio famoso e conosciuto, si deve scrivere quanto pensato su un post it appiccicoso che andrete poi a posizionare sulla fronte dell'avversario in modo tale che non veda quello che c'è scritto. Il concorrente dovrà porre tutta una serie di domande con lo scopo finale di indovinare il nome scritto sul foglio che ha in fronte. Per giocare bisogna essere almeno in due, non c'è poi un limite massimo di giocatori. A inizio partita ognuno preparerà il foglietto per il suo compagno e si inizieranno a fare le domande, il primo che indovina vince. È un gioco semplice che può essere fatto ovunque, basta munissi di euro e post it. Tutti si divertiranno da impazzire.

Sono oggi molto di moda anche giochi digitali, ormai tutta la nostra vita si basa sul mondo del web e degli schermi. Siamo in una nuova era in cui non si può più fare a meno degli smartphone, dei computer e dei tablet. Ecco alcuni giochi multimediali per la memoria:

• Unblock me: è un gioco scaricabile tramite app sul telefono, tablet o pc; è un rompicapo molto divertente, in grado di catturare il giocatore per ore e ore. È composto da migliaia di livelli che possono essere affrontati in diverse modalità: sfida con te stesso, con altri giocatori, o rilassamento. L'app è progettata per liberare un percorso in ogni livello, eliminando un grande blocco color rosso. È più interessante di quello che sembra, provare per credere.

• Nomi, cose e città: Questo gioco è conosciuto e amato da chiunque. Ogni persona ci ha giocato almeno una volta nella sua vita, magari a scuola con i suoi compagni, o da solo a casa. Il gioco è molto semplice e

divertente soprattutto se fatto insieme a un grande gruppo di persone. Viene estratta una lettera dell'alfabeto a caso; fingiamo capiti la F. Ogni giocatore dovrà scrivere per ogni categoria scelta una parola con la F. Ecco alcune delle categorie che vengono più comunemente utilizzate dai giocatori (ognuno può poi modificarle a suo piacimento, non sono standard e obbligatorie):
- Nomi
- Cose
- Città
- Colori
- Attori
- Animali
- Cantanti
- Nazioni
- Lavori
- Frutta
- Verdura
Quando tutti hanno inserito un nome in tutte le voci si passa alla verifica, in base a quello che

si è scritto a ogni giocatore vengono assegnati dei punti; si passa poi all'estrazione della prossima lettera. Il gioco continua così.

Il gioco può essere fatto sia in forma cartacea che online o tramite app apposite. Anche da casa puoi giocare con i tuoi amici senza alcun problema.

• Mind games: Questa app è perfetta per gli appassionati di psicologia. È un gioco basato su questo argomento, ideale per gli appassionati del settore e per chi vuole apprendere nove nozioni.

• Neuro Nation: è un gioco disponibile sugli app store, e che può quindi essere giocato sul telefono ovunque ti trovi. È composto da 28 esercizi mnemonici gratuiti e 7 schede di corso ben strutturate. Questo gioco è stato creato da un team formato da programmatori informatici e neuro scienziati; è quindi assicurato che si tratti di un allenamento ottimo per aiutare la memoria, la concentrazione e in generale tutti i processi di ragionamento del cervello. Consente anche di personalizzare i piani di allenamento a seconda delle proprie esigenze e interessi.

- Braian it on: Questo gioco è scaricabile tramite app store, è composto da rompi capo basati sulla fisica. Sono allegri e divertenti anche se abbastanza complessi. Bisogna impegnarsi a fondo per risolversi, non sono affatto semplici, ma servono per il risultato che si vuole ottenere. Il cervello avrà una botta di energia con questo gioco. Non è indicato per i principianti o quelli che si spazientiscono subito, richiede pazienza e determinazione.

- Memorando: è un vero e proprio corso intensivo di allenamento per la mente. Propone 15 tipologie differenti di esercizi, ognuna della quali va a stimolare aree differenti del cervello. Può essere trovato sull'app store. Se vuoi metterti alla prova a sfidare te stesso e i tuoi limiti è ciò che fa al caso tuo. Aiuta l'elasticità mentale e rende più svegli e reattivi. È un gioco travolgente da cui non riuscirai a staccarti fino a che non avrai portato a termine i vari esercizi presentati.

Capitolo V

Conversione fonetica

Quando parliamo di conversione fonetica facciamo riferimento a un sistema che consente di memorizzare lunghe sequenze di numeri senza troppi sforzi; basta usare un pò di furbizia e sfruttare al meglio la propria memoria, e le funzioni cerebrali.

A ogni numero corrisponde una consonante, basta aggiungere delle vocali qua e la per formare delle frasi di senso compiuto facili da memorizzare e che nascondono i codici che avete bisogno di rimembrare.

Per seguire questo processo ci sono da seguire alcune regole fondamentali, se non vengono rispettate il sistema non funzionerà; vediamo quali sono:

• Le consonanti ripetute due volte vengono rappresentate come un unico elemento.

- Le vocali non hanno numeri, vengono inserite solo per creare frasi di senso compiuto, ma durante la codifica vanno eliminate.
- È fondamentale ascoltare anche il suono che una lettera emana e produce. A ogni suono corrispondere un particolare numero anche se le lettere sono le stesse. Per esempio "gl" come suono unito corrisponde a 5, mentre "g l" come suono separato al numero 75. Questo vale per tutti i suoni di questo tipo senza distinzioni. I numeri assegnati cambieranno ma il concetto rimane lo stesso.

Quando parliamo di conversione fonetica parliamo anche di date, e quindi di avvenimenti temporali. Il migliore modo di agire è associare ad ogni data una parola che ricordi l'evento preso in questione.

Per esempio possiamo parlare di Napoleone; la sua morte avvenne nel 1821. A questa data viene associata la parola DEFUNTO, secondo il codice. Tutto è bene collegato e intuitivo.

Questo tipo di tecnica mnemonica può essere usata per cose semplici, come ricordarsi un semplice numero di telefono, delle date o il pi greco. Ci sono anche molti altri utilizzi, può essere adattata secondo le proprie necessità, e a seconda di ciò che si vuole ricordare.

Conclusioni

Esistono moltissimi trucchi, giochi e consigli per allenare la memoria e apprendere informazioni in maniera più rapida e produttiva. Ognuno deve capire quale fa al caso suo, è consigliabile provarne diverse per vedere con quale ci si trova meglio.

Iniziamo considerando la memoria associata allo studio. Uno studente universitario per esempio ha bisogno di tenere in costante allenamento il suo cervello, e per farlo dovrà per forza ricorrere a degli allenamenti specifici. Nessuno ha voglia di studiare mesi per un singolo esame, con qualche accorgimento in pochi giorni si otterranno comunque i risultati desiderati; il trucco è mettercela tutta e sfruttare il più possibile le proprie funzioni cognitive. Vediamo alcuni metodi molto utili per gli studenti che facilitano il loro percorso di studi. Si tratta di tecniche di memorizzazione ognuno potrà poi modificarle e adattarle alle sue esigenze e capacità. Ecco l'elenco:

• Tecnica delle parole di velcro: serve per ricordare un lungo elenco di parole in un ordine preciso. A ogni numero bisogna assegnare un nome per rendere tutto più semplice e intuitivo.

• Metodo del loci: le idee e i concetti vengono collegati e associati a dei luoghi specifici che si conoscono molto bene. Per esempio a ogni stanza di casa si possono associare nozioni specifiche e ben distinte. Quando si entra in ogni stanza si possono ripetere gli argomenti della quella zona.

• Parole chiave: quando dobbiamo studiare e memorizzare una grande quantità di informazioni potrà essere comodo ricordare i capitoli del libro in sequenza logica, in modo tale da far creare alla mente uno schema ordinato. Inizialmente si andrà a capire cosa c'è scritto, in secondo luogo si cercherà di creare una sequenza di eventi consecutivi, in terzo luogo si cercherà di individuare le parole chiave da memorizzare. Basterà creare una sequenza logica di tutte keyword per ripassare facilmente tutti gli elementi studiati. Creare una chiarezza mentale e uno schema è essenziale.

- Tecnica delle immagini paradosso: si basa sul fatto che il nostro cervello è molto sensibile ad informazioni strane o esagerate. La mente è abituata a trovarsi in determinati contesti e quando ne esce rimane molto impressionata e la concentrazione verrà posta tutta su quella novità. Per aumentare la memoria basterà quindi inserire informazioni strane che vadano a riattivare il cervello. Nel caso in cui si dovesse memorizzare una serie di parole come cane, gatto, aquila potrete immaginare un cane che rincorre un gatto e entrambi vengono poi catturati da un'aquila. Questo processo può far ridere, ma la mente umana è piena di cose bizzarre e incomprensibili.

• Tecnica del pomodoro: questa è forse la tecnica più famosa in tutto il mondo. È stata inventata intorno agli anni settanta da uno studente chiamato Cirillo Francesco. La tecnica comporta l'utilizzo di un timer da cucina (quello che usava Francesco era a forma di pomodoro, ecco da dove prende il nome la procedura); impostava archi temporali in cui doveva studiare senza pausa e senza distrarsi e li alternava ad altri di riposo. Questa tipologia di esercizio allena a fondo la mente a rispettare tempi, ad avere resistenza e non stancarsi subito. Il tempo di studio inizialmente sarà di 10 minuti, arriverà poi con l'allenamento a diventare anche di un ora consecutiva o più. Insegna a organizzarsi e gestire i tempi nel modo migliore, evitando che il cervello si surriscaldi e lavori a vuoto.

È fondamentale imparare a memorizzare con una certa rapidità. Molti collegano la velocità con una carenza di impegno e di assimilazione dei contenuti; ma non è così. Studiare per ore e ore è solo uno spreco di tempo, il cervello non viene usato al massimo delle sue capacità. Bisogna invece imparare a ottimizzare i tempi spronandolo a dare il massimo.

Vediamo alcuni accorgimenti per studiare con rapidità e bene, ricordando poi le informazioni a lungo:

- Guardare tutto il libro prima di leggerlo e studiarlo per vedere come è impostato, come sono divisi i capitoli ecc…

- Leggere con attenzione l'indice per vedere quali sono i contenuti e come sono suddivisi in modo tale da sapere con anticipo cosa ti attende.

- Leggere la prime e l'ultima parola della frase che si vuole memorizzare, in modo tale da iniziare a capire di cosa si tratta e avere un contesto generale dell'argomento. Meglio seguire questo semplice passaggio piuttosto che stare ore a leggere a vuoto.

- Studiare un libro partendo dal presupposto che quella sarà l'unica volta che lo farai, in questo modo andrai ad obbligare il cervello a memorizzare il più possibile e a non divagare.
- Dopo aver letto il capitolo preparate delle mappe di tipo concettuale per focalizzare tutti i punti importanti. Sono molto più semplici e veloci da fare rispetto a dei riassunti, allo stesso tempo sono anche più funzionali e permettono di memorizzare meglio.

Concludendo ci sono moltissimi metodi per allenare la memoria, sia per bambini, adolescenti, adulti, anziani; nessuno viene escluso. Si possono scegliere esercizi giornalieri semplici, o puntare su giochi da scatola o multimediali; ognuno può scegliere la strada che più preferisce, l'importante è non mollare mai in modo tale che la mente non si atrofizzi. Deve essere sempre lucida e pronta l'azione. Questo è ciò che tutti desiderano, soprattutto con l'avanzare dell'età. Si suol dire che prevenire è meglio che curare, e in questo caso è proprio così.

Un costante allenamento può allontanare la possibilità di malattie legate alla memoria e andrà a rallentare il processo di invecchiamento dovuto all'età.

Prendetevi cura del vostro cervello!